English G 21

D1

Vokabeltaschenbuch

Cornelsen

Das **Vocabulary** (Vokabelverzeichnis) enthält alle Wörter und Wendungen, die du lernen musst.
Sie stehen in der Reihenfolge, in der sie in den Units vorkommen.

So ist das Vocabulary aufgebaut:

- Hier siehst du, wo die Wörter vorkommen.
  p. 20/A 2 = Seite 20, Abschnitt 2 → p. 20/A 2 **wrong** [rɒŋ]
  p. 27/P 7 = Seite 27, Übung 7 → p. 27/P 7 **our** ['aʊə]

- Die Lautschrift zeigt dir, wie ein Wort ausgesprochen und betont wird.
  (→ Englische Laute: S. 4)
  windy ['wɪndi]
  wind [wɪnd]

- Eingerückte Wörter lernst du am besten zusammen mit dem vorausgehenden Wort, weil die beiden zusammengehören.

- Diese Kästen solltest du dir besonders gut ansehen.
  you – I / me
  you
  1. du **You** can sing.
  2. dich I can see **you**

- In diesen Kästen findest du Wörter und Wendungen, die du sicher schon aus deinem bisherigen Englischunterricht kennst.
  Remember?
  Du kennst bestimmt auch schon …
  At school

Tipps zum Wörterlernen findest du auf den Seiten 68–71.

Abkürzungen / Symbole

p. = page (Seite)
pp. = pages (Seiten)

pl = *plural* (Mehrzahl)
no pl = *no plural*

jn. = jemanden
jm. = jemandem

◄► ist das „Gegenteil"-Zeichen. Beispiel:
full ◄► empty
(**full** ist das Gegenteil von **empty**)

! Hier stehen Hinweise auf Besonderheiten, bei denen man leicht Fehler machen kann.

English sounds (Englische Laute)

Die Lautschrift in den eckigen Klammern zeigt dir, wie ein Wort ausgesprochen und betont wird.
In der folgenden Übersicht findest du alle Lautzeichen.

Vokale (Selbstlaute)

[iː]	gr**ee**n	[ɔː]	m**or**ning	[aɪ]	t**i**me
[i]	happ**y**	[uː]	bl**ue**	[ɔɪ]	b**oy**
[ɪ]	**i**n	[ʊ]	b**oo**k	[əʊ]	**o**ld
[e]	y**e**s	[ʌ]	m**u**m	[aʊ]	n**ow**
[æ]	bl**a**ck	[ɜː]	T-sh**ir**t	[ɪə]	h**ere**
[ɑː]	p**ar**k	[ə]	**a** partn**er**	[eə]	wh**ere**
[ɒ]	s**o**ng	[eɪ]	sk**a**te	[ʊə]	t**our**

Konsonanten (Mitlaute)

[b]	**b**ox	[ŋ]	si**ng**	[z]	plea**s**e
[p]	**p**lay	[l]	he**ll**o	[ʃ]	**sh**op
[d]	**d**a**d**	[r]	**r**ed	[ʒ]	televi**s**ion
[t]	**t**en	[w]	**w**e	[tʃ]	tea**ch**er
[g]	**g**ood	[j]	**y**ou	[dʒ]	**G**ermany
[k]	**c**at	[f]	**f**ull	[θ]	**th**anks
[m]	**m**u**m**	[v]	**v**ery	[ð]	**th**is
[n]	**n**o	[s]	si**s**ter	[h]	**h**e

Tipp

Am besten kannst du dir die Aussprache der einzelnen Lautzeichen einprägen, wenn du dir zu jedem Zeichen ein einfaches Wort merkst – das [iː] ist der **green**-Laut, das [eɪ] ist der **skate**-Laut usw.

Betonung

['] und [ˌ] sind **Betonungszeichen**.
Sie stehen immer vor der betonten Silbe.

['] zeigt die Hauptbetonung,
[ˌ] zeigt die Nebenbetonung.

Beispiel:
mobile phone [ˌməʊbaɪl 'fəʊn]
Hauptbetonung auf **phone**,
Nebenbetonung auf der ersten Silbe: **mobile**

Der „Bindebogen"

Der **Bindebogen** [‿] zeigt an, dass zwei Wörter beim Sprechen aneinandergebunden und wie ein Wort gesprochen werden.

Beispiele:
What colour is ...? [ˌwɒt 'kʌlər‿ɪz]
Mum and Dad [ˌmʌm‿ən 'dæd]
This is ... ['ðɪs‿ɪz]

'Hello' and 'Welcome'

Remember? (Erinnerst du dich?)

pp. 6–8 Du kennst bestimmt schon viele englische Wörter und Sätze. Hier sind einige, die dir sicher schon begegnet sind:

Hi, I'm Tatjana.	Hallo, ich bin Tatjana.
What's your name?	Wie heißt du?
– Hello. My name is ...	– Hallo. Ich heiße ... / Mein Name ist ...
Where are you from?	Wo kommst du her?
– I'm from ...	– Ich komme aus ... / Ich bin aus ...
My mum and dad are from ...	Meine Mutter und mein Vater kommen aus ...
How old are you?	Wie alt bist du?
– I'm ... years old.	– Ich bin ... Jahre alt.
I've got a brother and a sister.	Ich habe einen Bruder und eine Schwester.
We live in Frankfurt, in ... Street.	Wir wohnen in Frankfurt, in der ...straße.
My favourite colour is ...	Meine Lieblingsfarbe ist ...
I like apples.	Ich mag Äpfel.
I don't like bananas.	Ich mag keine Bananen. / Ich mag Bananen nicht.
Can you sing a song in English?	Kannst du ein Lied auf Englisch singen?
– Yes, I can. / No, I can't.	– Ja, kann ich. / Nein, kann ich nicht.

p. 6	**pretty** ['prɪti]	hübsch	
	What about you? [ˌwɒt‿əˌbaʊt 'juː]	Und du? / Was ist mit dir?	I'm from Bristol in England. **What about you?**
p. 8	**Welcome (to Bristol).** ['welkəm]	Willkommen (in Bristol).	
	I can talk to ... [tɔːk]	ich kann mit ... reden / ich kann mich mit ... unterhalten	

my partner ['pɑːtnə]	mein Partner / meine Partnerin	

Aussprache

Wie ein englisches Wort ausgesprochen wird, zeigt dir die **Lautschrift**. Sie steht in eckigen Klammern:

- **welcome** ['welkəm]
- **talk** [tɔːk]
- **partner** ['pɑːtnə]

Zwei Dinge kannst du an diesen Beispielen sehen:
Erstens werden englische Wörter oft anders ausgesprochen, als man denkt.
Zweitens enthält die Lautschrift auch ein paar „komische" Zeichen wie [ə], [ɔː] oder [ɑː]:
[ə] ist ein schwaches „e" wie am Ende von „bitt**e**".
[ɔː] kennst du aus dem Wort „baseb**a**ll".
[ɑː] ist ein langes „a" wie in „Kr**a**m".

→ Übersicht über die englischen Laute und Lautschriftzeichen: S. 4

now [naʊ]	nun, jetzt	[aʊ] klingt wie das „au" in „bl**au**".
Meet Jack. [miːt]	Lerne Jack kennen. / Triff Jack.	
this is ['ðɪs‿ɪz]	dies ist	[ð] gibt es im Deutschen nicht. Der Laut klingt etwa so, als ob jemand die weichen „s"-Laute in „**S**en**s**e" lispelt.
he's [hiːz]	er ist	= he is [z] ist ein weiches „s" wie in „le**s**en".
she's [ʃiːz]	sie ist	= she is [ʃ] klingt wie das „sch" in „**sch**ön".
from Bristol **too** [tuː]	auch aus Bristol	! **too** steht am Ende des Satzes.
new [njuː]	neu	new ◄► old
with [wɪð]	mit	

his [hɪz]	sein, seine	
twin brother ['twɪn brʌðə]	Zwillingsbruder	Dan is Jo's **twin brother**. Dan and Jo are **twins**. [ʌ] klingt ähnlich wie das kurze „a" in „K**a**mm".
they're [ðeə] = **they are** [ðeɪ‿ɑː]	sie sind	This is Jo. This is Dan. **They're** twins.
I can talk about ... [ə'baʊt]	ich kann über ... reden	
page [peɪdʒ]	(Buch-, Heft-)Seite	Abkürzung: **p.** 5 = **page** 5 • **pp.** 5–7 = **pages** 5–7

Remember?

p. 9 Erinnerst du dich an diese Wörter aus deinem bisherigen Englischunterricht?

boys

girls

numbers

Listen to the band!

He is happy.

She is not happy.

trees

Remember?

We can play football.

a boat

water

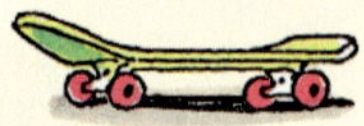

a skateboard

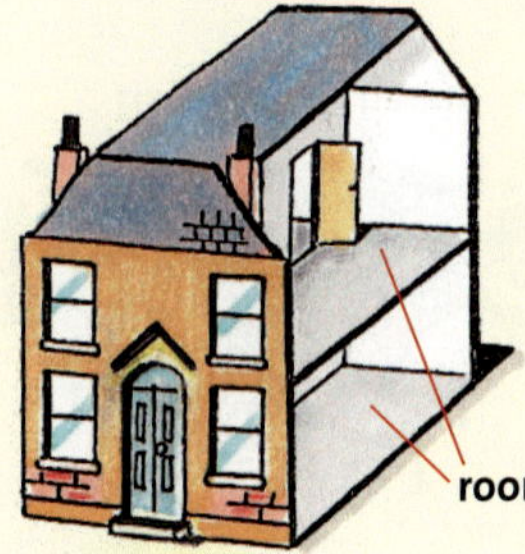

a big house

rooms

it's [ɪts]	er/sie/es ist	= it is
a great place [ə greɪt 'pleɪs]	ein großartiger Ort/Platz, ein toller Ort/Platz	
I can see a ... [siː]	ich kann ein/eine ... sehen	[s] ist ein hartes, scharfes „s" wie in „la**ss**en".
photo ['fəʊtəʊ]	Foto	! **auf** dem Foto = **in** the photo [əʊ] kennst du aus dem Wort „Sh**ow**".
kite [kaɪt]	Drachen	[aɪ] klingt wie das „ei" in „Kl**ei**d".
p.10 **Park Road** [ˌpɑːk 'rəʊd]	Parkstraße	

a **kite**

Betonung

['] und [ˌ] sind Betonungszeichen.
Sie stehen immer <u>vor</u> der betonten Silbe.

['] zeigt die Hauptbetonung,
[ˌ] zeigt die Nebenbetonung.

Betonungszeichen helfen, die Wörter richtig zu betonen:
– Im Deutschen heißt es ***Park**straße*.
– Im Englischen sagt man *Park **Road*** [ˌpɑːk 'rəʊd]
(Hauptbetonung auf dem Wort „road“).

when [wen]	wenn	Are you happy **when** the house is empty?
empty ['empti]	leer	
full [fʊl]	voll	full ◄► empty 
I close ... [kləʊz]	ich schließe ... / ich mache ... zu	
thing [θɪŋ]	Ding, Sache	
I open ... ['əʊpən]	ich öffne ... / ich mache ... auf	open ◄► close
I push ... [pʊʃ]	ich drücke ... / ich schiebe ... / ich stoße ...	 
I pull ... [pʊl]	ich ziehe ...	push ◄► pull
I drop ... [drɒp]	ich lasse ... fallen	[ɒ] klingt wie das „o“ in „B**o**ck“ oder „d**o**ch“.
then [ðen]	dann, danach	
I laugh [lɑːf]	ich lache	

you – I / me

you			I / me		
1. **du**	**You** can sing.	= **Du** kannst singen.	1. **ich**	**I** can sing.	= **Ich** kann singen.
2. **dich**	I can see **you**.	= Ich kann **dich** sehen.	2. **mich**	Can you see **me**?	= Kannst du **mich** sehen?
3. **dir**	I can play with **you**.	= Ich kann mit **dir** spielen.	3. **mir**	Play with **me**.	= Spiel mit **mir**.

	you look [lʊk]	du schaust / du guckst	
	but [bət, bʌt]	aber	Sophie is a girl, **but** Jack is a boy.
	You can't find me. [faɪnd]	Du kannst mich nicht finden.	
	That's me. [ˌðæts 'miː]	Das bin ich.	
p. 11	**picture** ['pɪktʃə]	Bild	! **auf** dem Bild = **in** the picture [tʃ] klingt wie „tsch" in „**tsch**üs".
	I think [θɪŋk]	ich glaube / ich meine / ich denke	[θ] gibt es im Deutschen nicht. Der Laut klingt etwa so, als ob jemand den harten „s"-Laut in „be**ss**er" lispelt. [ŋ] ist wie „ng" in „Di**ng**" oder das „n" in „pi**n**k".
	That's right. [ˌðæts 'raɪt]	Das ist richtig. / Das stimmt.	
	very nice [ˌveri 'naɪs]	sehr schön, sehr nett	! Das englische „v" wird wie in „Vampir" und „Vase" gesprochen – nicht wie in „Vater"!
	You can take the baby. [teɪk]	Du kannst das Baby nehmen.	

	You can help me. [help]	Du kannst mir helfen.	
	in here [ɪn 'hɪə]	hier drinnen	
	Who are you? [huː]	Wer bist du?	
	there [ðeə]	da, dort	
p. 12	**at 7 Hamilton Street** [striːt]	in der Hamiltonstraße 7	
	their father / their mother [ðeə]	ihr Vater / ihre Mutter	Dan and Jo and **their** father 
	today [tə'deɪ]	heute	
	the last day [ˌlɑːst 'deɪ]	der letzte Tag	
	of the summer holidays [əv ðə ˌsʌmə 'hɒlədeɪz]	der Sommerferien	
	Sorry, I'm late. ['sɒri], [leɪt]	Entschuldigung, dass ich zu spät bin/komme.	
	shopping list ['ʃɒpɪŋ lɪst]	Einkaufsliste	
	Let's look at the list. [lets]	Sehen wir uns die Liste an. / Lasst uns die Liste ansehen.	
	you need ... [niːd]	du brauchst ... / du benötigst ...	
	Me too. [tuː]	Ich auch.	I need a new school bag. – **Me too**.

Remember?

Du kennst bestimmt auch schon viele englische Wörter zu den Themen „Schule“ und „Familie“:

At school (In der Schule)

a pencil case

a school bag

a felt tip

a pencil

a glue stick

a pen

a rubber

a ruler

a classroom

A family [1]

Mr[2] Scott, the father (dad)

Mrs[3] Scott, the mother (mum)

Sally Scott, Philip's sister

Philip Scott, Sally's brother

Their pets:

Bob, the dog

Bella, the cat

Their friends:

Jennifer Ray

Robbie Carter

The Scotts live in Bristol.
Die Scotts leben/wohnen in Bristol.

[1] a family – two families • [2] Mr ['mɪstə] • [3] Mrs ['mɪsɪz]

pencil sharpener ['pensl ʃɑːpnə]	Bleistiftanspitzer	a **pencil sharpener** 
exercise book ['eksəsaɪz bʊk]	Schulheft, Übungsheft	
exercise ['eksəsaɪz]	Übung, Aufgabe	
for school [fə, fɔː]	für die Schule	I need a glue stick **for school**, Dad.
Let's go. [ˌlets 'gəʊ]	Auf geht's! (*wörtlich:* Lass uns gehen.)	
you two	ihr zwei	
I can say … [seɪ]	ich kann … sagen	

Remember?

p. 13

What colour is ...? [ˌwɒt ˈkʌlər‿ɪz]	Welche Farbe hat ...?	**What colour is** your pencil? – It's green. And **what colour is** your school bag? – It's red.

Aussprache

Der **Bindebogen** [‿] zeigt an, dass zwei Wörter beim Sprechen aneinandergebunden und wie ein Wort gesprochen werden.

What colour is ...? [ˌwɒt ˈkʌlər‿ɪz]
Mum and Dad [ˌmʌm‿ən ˈdæd]
This is ... [ˈðɪs‿ɪz]

plate [pleɪt]	Teller	a **plate** 
Oh well ... [əʊ ˈwel]	Na ja ... / Na gut ...	

Remember?

p.14

The days of the week

It's Monday morning ...

flat [flæt]	Wohnung	

over the shop [ˌəʊvə ðə 'ʃɒp]	über dem Laden / über dem Geschäft	
Well, ... [wel]	Nun, ... / Also, ...	**Well,** is your new school nice?
uniform ['juːnɪfɔːm]	Uniform	
tomorrow [tə'mɒrəʊ]	morgen	
the first day [fɜːst]	der erste Tag	[ɜː] kennst du aus dem Wort „T-Sh**ir**t“. (Nicht das „r“ mitsprechen!)
at the new school	an/auf der neuen Schule	
Stop that! ['stɒp ðæt]	Hör auf damit! / Lass das!	
You can go to the shop. [gəʊ]	Du kannst zum Laden gehen.	
Why me? [waɪ]	Warum ich?	You can help your father now. – **Why me?**
poem ['pəʊɪm]	Gedicht	
week [wiːk]	Woche	
p. 15 **newspaper** ['njuːspeɪpə]	Zeitung	
I can have breakfast. [həv 'brekfəst]	Ich kann frühstücken.	
What's your telephone number? ['telɪfəʊn]	Was ist deine Telefonnummer?	

o [əʊ], **zero** ['zɪərəʊ]	null	! Wenn man seine Telefonnummer sagt, benutzt man **o** [əʊ]: 5 0 7 9 ... = five **o** seven nine ...
double ['dʌbl]	zweimal, doppelt, Doppel-	My phone number is 5 0 7 9 3 3 2. (five o seven nine **double** three two)
I can do tricks. [duː 'trɪks]	Ich kann (Zauber-)Kunststücke (machen).	
p.16 **Bed and Breakfast (B&B)** [ˌbed‿ən 'brekfəst]	Frühstückspension (*wörtlich:* Bett und Frühstück)	
parrot ['pærət]	Papagei	
They welcome you to ...	Sie heißen dich in ... willkommen	
wheelchair ['wiːltʃeə]	Rollstuhl	[eə] kennst du aus dem Wort „**fair**". (Nicht das „r" mitsprechen!)

Remember?

What's the time? (Wie spät ist es?)

It's eleven o'clock.	**It's quarter past 11.** (*oder:* **11.15**)	**It's half past 11.** (*oder:* **11.30**)	**It's quarter to 12.** (*oder:* **11.45**)

to  **past**

! 

Englisch: **half <u>past 11</u>**
Deutsch: **halb <u>zwölf</u>**

at work [wɜːk]	bei der Arbeit / am Arbeitsplatz
p.17 **Excuse me, ...** [ɪk'skjuːz miː]	Entschuldigung, ... / Entschuldigen Sie, ...

„Entschuldigung“

Excuse me, ...
sagt man, wenn man jemanden anspricht, z.B. wenn man um etwas bittet:
Excuse me, what's the time, please?

Sorry, ...
sagt man, wenn man sich für etwas entschuldigen möchte:
Sorry, I'm late.

You're welcome.	Gern geschehen. / Nichts zu danken.

welcome

• Wenn du jemanden willkommen heißen willst:	**Welcome to** Germany!	**Willkommen in** Deutschland!
• Wenn sich jemand bei dir bedankt hat:	*A:* What's the time, please? *B:* Half past seven. *A:* Thank you. *B:* **You're welcome.**	*A:* Wie spät ist es, bitte? *B:* Halb acht. *A:* Danke. *B:* **Bitte, gern geschehen. / Nichts zu danken.**

! Nie: **Thank you. – ~~Please.~~** Sondern: **Thank you. – You're welcome.**

Good luck (with ...)! [ˌɡʊd 'lʌk]	Viel Glück (bei/mit ...)!

trip [trɪp]	Reise; Ausflug	
back to Germany [ˌbæk tə 'dʒɜːməni]	zurück nach Deutschland	[dʒ] kennst du aus „**J**ob“ und „**J**eans“.

Unit 1: New school, new friends

Remember?

p.18 Hier sind wieder einige Wörter, die du wahrscheinlich schon kennst.

lots of ['lɒts_əv]	eine Menge, viele, viel	
comic ['kɒmɪk]	Comic-Heft	I've got **lots of comics.**
there's [ðəz, ðeəz]	es ist (vorhanden); es gibt	= there is
there are ['ðər_ə, 'ðeər_ɑː]	es sind (vorhanden); es gibt	

There's ... / There are ...

Du kennst bereits **there** (= „da, dort"): **That's your room there.**

Mit **There's ...** und **There are ...** kannst du ausdrücken, ob etwas vorhanden ist oder nicht.
Im Deutschen sagt man meist „Es gibt ..." oder „Es ist/sind ...".

There's a football in my photo. But **there isn't a** skateboard in my photo.	Auf meinem Foto **ist ein** Fußball. Aber **es ist kein** Skateboard auf meinem Foto.
Are there skateboards in your photo? – Yes, **there are.** / No, **there aren't.**	**Gibt es** Skateboards auf deinem Foto? – Ja (, **gibt es**). / Nein (, **gibt es nicht**).
There are three books on the table.	**Es sind/Es liegen** drei Bücher auf dem Tisch.

! Nie: ~~It gives~~ ..., sondern immer: **There's ... / There are ...**

	marmalade ['mɑːməleɪd]	(Orangen-)Marmelade	**!** Deutsch: Marmelade – Englisch: marmalade
p.19	**in the morning**	am Morgen, morgens	
	word [wɜːd]	Wort	
	clock [klɒk]	(Wand-, Stand-, Turm-)Uhr	**clocks**
	lamp [læmp]	Lampe	
	milk [mɪlk]	Milch	
	mobile phone ['məʊbaɪl]	Mobiltelefon, Handy	**!** Deutsch: **Handy** – Englisch: **mobile (phone)**
	money ['mʌni]	Geld	

box = Kasten, Kästchen, Kiste

	sandwich box ['sænwɪtʃ]	Brotdose	
p.20/A1	**before** [bɪ'fɔː]	vor *(zeitlich)*	
	lessons ['lesnz]	Unterricht	
	lesson ['lesn]	(Unterrichts-)Stunde	
	student ['stjuːdənt]	Schüler/in; Student/in	
	nervous ['nɜːvəs]	nervös, aufgeregt	
	first [fɜːst]	zuerst, als Erstes	
	clever ['klevə]	klug, schlau	
	mad [mæd]	verrückt	
	Don't listen to Dan. [dəʊnt]	Hör nicht / Hört nicht auf Dan.	
	Come. [kʌm]	Komm. / Kommt.	
	Sit with me. [sɪt]	Setz dich / Setzt euch zu mir.	
p.20/A2	**wrong** [rɒŋ]	falsch, verkehrt	That's wrong. ◄► That's right.
p.21/A3	**our** ['aʊə]	unser, unsere	We're twins. **Our** names are Dan and Jo.
	her [hə, hɜː]	ihr, ihre	Ananda is from Bristol. **Her** dad is from Uganda.
	together [tə'geðə]	zusammen	
	I'm sorry.	Entschuldigung. / Tut mir leid.	

sorry

Mit **sorry** kannst du ...

• dich entschuldigen:	**Sorry,** I'm late.	**Entschuldigung**, dass ich zu spät komme.
• sagen, dass dir etwas leidtut:	My mum and dad aren't together. – Oh, **I'm sorry**.	Meine Mutter und mein Vater sind nicht zusammen. – Oh, **das tut mir leid**.
• nachfragen, wenn du etwas nicht richtig verstanden hast:	It's eleven o'clock. – **Sorry?**	Es ist elf Uhr. – **Wie bitte?**

teacher ['tiːtʃə]	Lehrer/Lehrerin	Mr Keller is my English **teacher**.

Remember?

p. 22

p. 22/A 6	**form** [fɔːm]	(Schul-)Klasse	Ananda is in **Form** 7PK.
	Tell me your names. [tel]	Sagt mir eure Namen.	**Tell** your teacher **about** your pets. (= Erzähle ... von ... / Berichte ... über ...)

	PE [ˌpiː‿ˈiː]	Sportunterricht, Turnen	
	enough [ɪˈnʌf]	genug	
	quiet [ˈkwaɪət]	leise, still, ruhig	
	joke [dʒəʊk]	Witz	Can you tell me a **joke**? I like **jokes**.
	bad [bæd]	schlecht, schlimm	bad ◄► good
	Can you remember that? [rɪˈmembə]	Kannst du dir das merken?	
p.22/A7	**or** [ɔː]	oder	Is Sophie in Form 7PK **or** in Form 7BW?
p.22/A8	**alphabet** [ˈælfəbet]	Alphabet	
	Throw a ball. [θrəʊ]	Wirf einen Ball.	
	Climb a tree. [klaɪm]	Klettere auf einen Baum.	Can cats **climb** trees? – Yes, they can.
	Write ... [raɪt]	Schreibe ...	
	Do what I do. [duː]	Tue, was ich tue.	
p.22/A9	**Spell ...** [spel]	Buchstabiere ...	
p.23/A10	**timetable** [ˈtaɪmteɪbl]	Stundenplan	
	Take out ... [ˌteɪk‿ˈaʊt]	Nehmt ... heraus	**Take out** your English books, please.
	Write down ... [ˌraɪt ˈdaʊn]	Schreibt ... auf	
	at 8.45 [ət, æt]	um 8.45	

on Tuesday	am Dienstag	

on

The first lesson **on Tuesday** is English.	Die erste Stunde **am** Dienstag ist Englisch.
Write the words **on the board**, please.	Schreib die Wörter **an** die Tafel, bitte.
Write your names **on your exercise books**, please.	Schreibt eure Namen **auf** eure Hefte, bitte.
Your ruler is **on your chair**.	Dein Lineal liegt **auf** deinem Stuhl.
Look at the pictures **on page 24**.	Seht euch die Bilder **auf** Seite 24 an.

with [wɪð]	bei	**!** **with** = **1.** mit – Look, there's Jo **with** his brother. **2.** bei – It's English **with** Mr Kingsley.

School subjects [1]

Art [ɑːt]	Kunst	**Maths** [mæθs]	Mathematik
Biology [baɪ'ɒlədʒi]	Biologie	**Music** ['mjuːzɪk]	Musik
Drama ['drɑːmə]	Schauspiel, darstellende Kunst	**PE** [2] [ˌpiː‿'iː]	Turnen, Sportunterricht
French [frentʃ]	Französisch	**RE** [3] [ˌɑːr‿'iː]	Religion, Religionsunterricht
Geography [dʒi'ɒgrəfi]	Geografie, Erdkunde	**Science** ['saɪəns]	Naturwissenschaft
German ['dʒɜːmən]	Deutsch		
History ['hɪstri]	Geschichte		

[1] ['sʌbdʒɪkts] Schulfächer [2] Physical Education [ˌfɪzɪkəl‿edʒu'keɪʃn] [3] Religious Education [rɪˌlɪdʒəs‿edʒu'keɪʃn]

after ['ɑːftə]	nach *(zeitlich)*	after lessons ◄► before lessons
break [breɪk]	Pause	Morning **break** is at 10.45 at Cotham School.

p.23/A11	**lunch** [lʌntʃ]	Mittagessen	**Lunch** is at 1.05.
p.24/A13	**food** [fuːd]	Essen; Lebensmittel	
	really ['rɪəli]	wirklich	
	I haven't got a chair. ['hævnt gɒt]	Ich habe keinen Stuhl.	I've got a sister, but **I haven't got a** brother.

at

Let's sit **at that table** there.	Setzen wir uns **an** den Tisch dort.
Look **at the board**, please.	Seht **an** die Tafel, bitte.
Let's look **at the list** now.	Sehen wir uns jetzt mal die Liste **an**.
The Shaws live **at 7 Hamilton Street**.	... **in** der Hamiltonstraße 7
Jo and Dan are **at school**, and Mrs Hanson is **at work**.	... **in** der Schule, ... **bei** der Arbeit
At 8.45 it's English with Mr Kingsley.	**Um** 8.45 ...

bank robber ['bæŋk ˌrɒbə]	Bankräuber/in	
all [ɔːl]	alle; alles	Sophie, Ananda, Jack – they're **all** in Form 7PK. We need pens, felt tips and pencils. That's **all**.
like [laɪk]	wie	My pencil case is **like** your pencil case.
him [hɪm]	ihn; ihm	! **him** = **1.** ihn – There's Jack. Can you see **him**? **2.** ihm – Let's help **him**.

	idea [aɪˈdɪə]	Idee, Einfall	[ɪə] klingt wie das „ier" in „h**ier**".
	What have we got next? [nekst]	Was haben wir als Nächstes?	
p.24/A14	**boring** [ˈbɔːrɪŋ]	langweilig	
	class [klɑːs]	(Schul-)Klasse	I'm in **Class** 5 now, and my sister is in **Class** 8.
p.25/P1	**different (from)** [ˈdɪfrənt]	verschieden, unterschiedlich; anders (als)	Cats and dogs are **different** – cats can climb, but dogs can't. Cats are **different from** dogs. **!** anders **als** = different **from**

Classroom English

p.28/P9

Can we +work with a partner?	Können wir mit einem Partner/einer Partnerin arbeiten?
+What page are we on, please?	Auf welcher Seite sind wir, bitte?
+What's for homework? [ˈhəʊmwɜːk]	Was haben wir als Hausaufgabe auf?
Sorry, +I haven't got my exercise book.	Entschuldigung, ich habe mein Heft nicht dabei.
Can I help you with the +worksheets? [ˈwɜːkʃiːts]	Kann ich dir bei den Arbeitsblättern helfen?
+It's your turn. [tɜːn]	Du bist dran. / Du bist an der Reihe.
Can I open/close the +window, please? [ˈwɪndəʊ]	Kann ich bitte das Fenster öffnen/schließen?
Can I go to the +toilet, please? [ˈtɔɪlət]	Darf ich zur Toilette gehen, bitte?

+ = new words

DOs and DON'Ts („Was man tun und nicht tun soll")

p.28/P10

DOs	DON'Ts	
Be quiet.	Don't +shout in the classroom.	Schreit/Ruft nicht im Klassenzimmer.
Look at the board.	Don't look +out of the window.	Seht nicht aus dem Fenster.
Open your books.	Don't talk to your partner now.	Redet jetzt nicht mit eurem Partner.
Listen to your partner.	Don't +forget your felt tips.	Vergesst eure Filzstifte nicht.
Help your partner.	Don't write on your +desks.	Schreibt nicht auf eure Schreibtische.

+ = new words

How's the new school?

p.31	**end** [end]	Ende	
	Hurry up. [ˌhʌri‿'ʌp]	Beeil dich.	
	poor Sophie [pɔː, pʊə]	(die) arme Sophie	[ʊə] klingt wie das „ur" in „K**ur**". (Nicht das „r" sprechen!)
	Come in. [ˌkʌm‿'ɪn]	Komm rein/herein.	
	everything ['evriθɪŋ]	alles	
	tea [tiː]	Tee; *(auch:) leichte Nachmittags- oder Abendmahlzeit*	
	classmate ['klɑːsmeɪt]	Klassenkamerad/in, Mitschüler/in	
p.32	How **was ...?** [wəz, wɒz]	Wie war ...?	How **was** the first day at your new school?
	world [wɜːld]	Welt	

See you.	Bis bald. / Tschüs.	
Go on. [ˌɡəʊ‿ˈɒn]	Mach weiter. / Erzähl weiter.	
a packet of mints [ˌpækɪt‿əv ˈmɪnts]	ein Päckchen/eine Packung Pfefferminzbonbons	
little [ˈlɪtl]	klein	
Bye. [baɪ]	Tschüs!	Bye./Goodbye. ◄► Hi./Hello.
more [mɔː]	mehr	
Dilip likes ...	Dilip mag ...	I like tennis, and my brother **likes** football.
her [hə, hɜː]	sie; ihr	! **her** = **1.** sie – There's Sophie. I can see **her**. **2.** ihr – Let's help **her**. **3.** ihr, ihre – There's Ananda and **her** dad. Where's **her** mum?
He likes her **a lot.** [ə ˈlɒt]	Er mag sie sehr.	

Topic 1: Make a birthday calendar

p.34 **Make a calendar.** [ˌmeɪk‿ə ˈkælɪndə]	Mache/Baue einen Kalender.	Let's **make a calendar** for our classroom. ! Deutsch: <u>K</u>alend<u>e</u>r – Englisch: <u>c</u>alend<u>a</u>r
birthday [ˈbɜːθdeɪ]	Geburtstag	! Deutsch: Ich **habe** im Mai Geburtstag. Englisch: My birthday **is** in May.

when?	wann?	! **when** = **1.** wann; **2.** wenn

birthdays

My birthday **is** in May. **When's** your birthday? – My birthday is in June. **On** 13th June.

Ich **habe** im Mai Geburtstag. **Wann hast** du Geburtstag? – Ich habe im Juni Geburtstag. **Am** 13. Juni.

! Du schreibst: **on 13th June** – Du sagst: **on the thirteenth of June**

Christmas ['krɪsməs]	Weihnachten
date [deɪt]	Datum

Remember?

The months [1] of the year

[1] [mʌnθs]

1 January ['dʒænjuəri]
2 February ['februəri]
3 March [mɑːtʃ]
4 April ['eɪprəl]
5 May [meɪ]
6 June [dʒuːn]
7 July [dʒu'laɪ]
8 August ['ɔːgəst]
9 September [sep'tembə]
10 October [ɒk'təʊbə]
11 November [nəʊ'vembə]
12 December [dɪ'sembə]

Unit 2: A weekend at home

p.36	**weekend** [ˌwiːk'end]	Wochenende
	at home [ət 'həʊm]	daheim, zu Hause

home

Dan is **at home**.	Dan ist **zu Hause**.
Jo, **come home**!	Jo, komm **nach Hause**!
Go home now.	Geh jetzt **nach Hause**.

Remember?

1 [ʃelf] • 2 [ʃelvz]

garden ['gɑːdn]	Garten	**!** Deutsch: Gar**t**en – Englisch: gar**d**en
small [smɔːl]	klein	

I **share** a room **with ...** [ʃeə]	Ich teile mir ein Zimmer mit ...	
people ['pi:pl]	Menschen, Leute	The **people** in Bristol are very nice.

Remember?

p.37

[1] [maɪs] • [2] [maʊs] • [3] ['gɪni pɪg]

hutch [hʌtʃ]	(Kaninchen-)Stall
cage [keɪdʒ]	Käfig
basket ['bɑ:skɪt]	Korb
budgie ['bʌdʒi]	Wellensittich
tortoise ['tɔ:təs]	Schildkröte

a **budgie**

a **tortoise**

p.38	**I can act** the song. [ækt]	Ich kann das Lied aufführen.	
	I clean my teeth. [kli:n], [ti:θ]	Ich putze mir die Zähne.	**Clean your teeth**, Jack. Dan, can you **clean** the bathroom, please?
	tooth [tu:θ], *pl* **teeth** [ti:θ]	Zahn	! one **tooth**  lots of **teeth** 
	I wash my face. [wɒʃ]	Ich wasche mir das Gesicht.	**Wash your face**, Jack. Dan, can you **wash** the car, please?
	early ['ɜ:li]	früh	early ◄► late
p.38/A1	**afternoon** [ˌɑ:ftə'nu:n]	Nachmittag	

The day: morning – afternoon – evening

morning ['mɔ:nɪŋ] Morgen, Vormittag **afternoon** [ˌɑ:ftə'nu:n] Nachmittag **evening** ['i:vnɪŋ] Abend

in the morning	morgens, am Morgen	**on Friday morning**	freitagmorgens, am Freitagmorgen
in the afternoon	nachmittags, am Nachmittag	**on Friday afternoon**	freitagnachmittags, am Freitagnachmittag
in the evening	abends, am Abend	**on Friday evening**	freitagabends, am Freitagabend
! **at the weekend**	am Wochenende		

plan [plæn]	Plan	
essay (about, on) ['eseɪ]	Aufsatz (über)	Write an **essay about** Bristol.

	life [laɪf], *pl* **lives** [laɪvz]	Leben	! **life** in Bristol [laɪf] – **das Leben** in Bristol We **live** in ... [lɪv] – Wir **leben/wohnen** in ...
	easy ['iːzi]	leicht, einfach	
	I **get up** at ... [ˌget‿'ʌp]	ich stehe um ... auf	
	(to)[1] **get up**	aufstehen	
	every ['evri]	jeder, jede, jedes	I get up at 6.45 **every** morning.
	(to) **sleep** [sliːp]	schlafen	 a **bus**
	hand [hænd]	Hand	
	bus [bʌs]	Bus	
	(to) **read** [riːd]	lesen	
p.39/A2	(to) **get dressed** [ˌget 'drest]	sich anziehen	First I clean my teeth, then I **get dressed.**
	(to) **give** [gɪv]	geben	
	(to) **feed** [fiːd]	füttern	
	meat [miːt]	Fleisch	Dogs eat **meat**.
	carrot ['kærət]	Möhre, Karotte	
	(to) **watch** [wɒtʃ]	beobachten, sich etwas ansehen; zusehen	
	(to) **watch TV** [tiː'viː]	fernsehen	TV = television ['telɪvɪʒn] ! **im** Fernsehen = **on** TV: a good film **on TV**

(to) look – (to) see – (to) watch

Look. Can you **see** Sheeba? – Yes, I can **see** her.	**Schau./Guck mal**. Kannst du Sheeba **sehen**? – ...
Toby **watches** Sophie.	Toby **schaut** Sophie **zu**. / Toby **beobachtet** Sophie.
Don't **watch TV** now, Dan. You've got homework.	**Sieh** jetzt nicht **fern**, Dan. ...

(to) **try to help/to play/...** [traɪ]	versuchen, zu helfen/zu spielen/...	Let's **try to play** my new game. (*or*: Let's **try and play** my new game.)
(to) **put** [pʊt]	legen, stellen, *(etwas wohin)* tun	**Put** all the photos in the box. 
after that	danach	First I feed the pets. **After that** I have my breakfast.
food [fuːd]	Futter	**!** **food** = **1.** Essen, Lebensmittel; **2.** Futter
(to) **drink** [drɪŋk]	trinken	
p.39/A3 **bowl** [bəʊl]	Schüssel; *hier:* Goldfischglas	a **bowl**   a goldfish **bowl**
all day / all the time	den ganzen Tag (lang) / die ganze Zeit	

[1] Mit dem vorangestellten **(to)** kennzeichnen wir den Infinitiv (die Grundform) des Verbs.

p.40/A5	**Thanks.** [θæŋks]	Danke.	= Thank you.
	help	Hilfe	❗ **help** = **1.** helfen; **2.** Hilfe
	of course [əv 'kɔːs]	natürlich, selbstverständlich	Is Prunella a Poltergeist? – Yes, **of course** she is.
	Here you are. [ˌhɪə juː‿'ɑː]	Bitte sehr. / Hier bitte.	

„bitte“

– in Bitten und Aufforderungen:	**please**	→	What's the time, **please?** / Open the window, **please**.
– wenn du jemandem etwas gibst:	**Here you are.**	→	Can you give me that pen, please? – **Here you are.**
– wenn sich jemand bei dir bedankt:	**You're welcome.**	→	Thank you. – **You're welcome**.
– wenn du etwas nicht richtig verstanden hast („**Wie bitte?**“):	**Sorry?**	→	Where are the twins? – **Sorry?**

This is **all wrong.**	Das ist ganz falsch.	Can I see your homework? – Oh no, it's **all wrong**.
sometimes ['sʌmtaɪmz]	manchmal	
(to) **argue** ['ɑːgjuː]	sich streiten, sich zanken	Sophie sometimes **argues** with her sister.
(to) **do judo** ['dʒuːdəʊ]	Judo machen	
till [tɪl]	bis *(zeitlich)*	On Sundays I sleep **till** 11 o'clock.
night [naɪt]	Nacht	❗ **in** der Nacht, nachts = **at** night freitagnachts = **on** Friday night

p.40/A6 **letter** ['letə]	Buchstabe	lots of **letters** 
p.41/A7 **grandma** ['grænmɑː]	Oma	= grandmother
grandpa ['grænpɑː]	Opa	= grandfather
grandparents ['grænpeərənts]	Großeltern	Your grandmother and grandfather are your **grandparents**.
parents ['peərənts]	Eltern	Your mother and father are your **parents**.
at the top (of) [tɒp]	oben, am oberen Ende, an der Spitze (von)	
because [bɪ'kɒz]	weil	Why are you late for school, Emily? – I'm late **because** the bus was late.
dead [ded]	tot	
child [tʃaɪld], *pl* **children** ['tʃɪldrən]	Kind	one **child** ! [tʃaɪld]  three **children** ! ['tʃɪldrən] 
son [sʌn]	Sohn	
daughter ['dɔːtə]	Tochter	
uncle ['ʌŋkl]	Onkel	
aunt [ɑːnt]	Tante	
married (to) ['mærɪd]	verheiratet (mit)	! verheiratet <u>**mit**</u> = married <u>**to**</u>

	cousin ['kʌzn]	Cousin, Cousine	
	so [səʊ]	also; deshalb, daher	Polly is a parrot, **so** she lives in a cage.
	grandchild ['græntʃaɪld], *pl* **grandchildren** ['-tʃɪldrən]	Enkel/in	
	single ['sɪŋgl]	ledig, alleinstehend	not married
	divorced [dɪ'vɔːst]	geschieden	divorced ◂▸ married
	without [wɪ'ðaʊt]	ohne	without ◂▸ with
	just [dʒʌst]	(einfach) nur, bloß	Don't **just** sit there. Come and help me.

p.42/P1

here – there – where

	Ort		Richtung	
here	**Here**'s Dan.	**hier**	Come **here**, Jo.	**hierher**
there	**There**'s the ball.	**da, dort**	Paul Road is nice. Let's go **there**.	**dahin, dorthin**
where	**Where**'s Sheeba?	**wo?**	**Where** can we put the basket?	**wohin?**

p.45/P11	(to) **remember** [rɪ'membə]	sich erinnern (an)	**!** Kannst du dich **<u>an</u> ihren Namen erinnern**? = Can you **remember her name**?
	quiz [kwɪz], *pl* **quizzes** ['kwɪzɪz]	Quiz, Ratespiel	
p.47/P17	**guest** [gest]	Gast	

A day in the life of ...

p.48	**by** [baɪ]	von	'A day in my life' – an essay **by** Jack Hanson.
	(to) **have a shower** ['ʃaʊə]	(sich) duschen	I get up at 7.15, then I **have a shower**.
	shower	Dusche	
	(to) **get things ready** ['redi]	Dinge fertig machen, Dinge vorbereiten	In the evening I **get my things ready** for school.
	ready	bereit, fertig	Are you **ready**? Can we go? Dan, Jo! Breakfast is **ready**.
	again [ə'gen]	wieder; noch einmal	Look, there's that little dog **again**. Can you say that **again**, please?
	(to) **do homework**	die Hausaufgabe(n) machen, die Schularbeiten machen	I **do** my **homework** in the afternoon. ! **Hausaufgaben sind** langweilig. = **Homework is** boring. *(kein Plural)*
	interesting ['ɪntrəstɪŋ]	interessant	This book is great. It's very **interesting**.
	other ['ʌðə]	andere(r, s)	Jo is at home. The **other** children are at school.
	country ['kʌntri]	Land	Germany is a big **country**.
	spy [spaɪ]	Spion/in	
	(to) **wear** [weə]	tragen, anhaben *(Kleidung)*	Can I **wear** your blue T-shirt, Dan? – Yes, OK.

sunglasses ['sʌnglɑːsɪz]	(eine) Sonnenbrille	**!** **glasses** und **sunglasses** sind Pluralwörter: I need my **glasses**. Where **are they**? Ich brauche meine **Brille**. Wo **ist sie**?
glasses ['glɑːsɪz]	(eine) Brille	
us [əs, ʌs]	uns	We're here. Can you see **us**?
(to) **fit** [fɪt]	passen	The T-shirt is too big. It doesn't **fit**.
story ['stɔːri]	Geschichte, Erzählung	

Der Plural von Wörtern auf „-y“

-y nach **Konsonant** wird im Plural zu **-ies**:

one	count**ry**	fami**ly**	hob**by**	s**py**	sto**ry**
lots of	count**ries**	fami**lies**	hob**bies**	s**pies**	sto**ries**

-y nach **Vokal** bleibt:

one	b**oy**	d**ay**	ess**ay**
lots of	b**oys**	d**ays**	ess**ays**

p.49	**difficult** ['dɪfɪkəlt]	schwierig, schwer	difficult ◄► easy
	silly ['sɪli]	albern, dumm	

Topic 2: My dream house

p.50	**dream** [driːm]	Traum
	downstairs [ˌdaʊn'steəz]	unten; nach unten
	upstairs [ˌʌp'steəz]	oben; nach oben

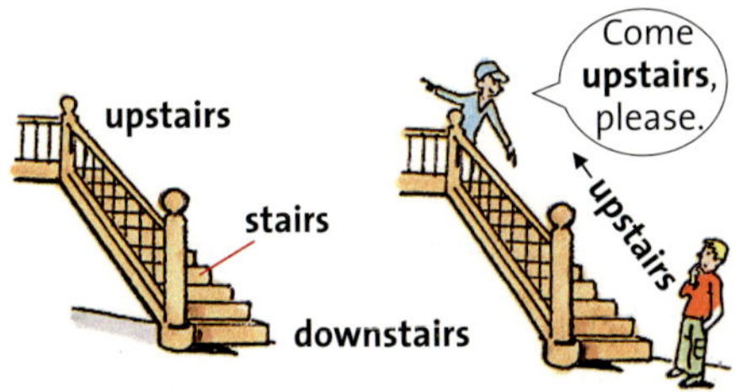

stairs *(pl)* [steəz]	Treppe; Treppenstufen

armchair ['ɑːmtʃeə]	Sessel
sofa ['səʊfə]	Sofa
dining room ['daɪnɪŋ ruːm]	Esszimmer
cooker ['kʊkə]	Herd
cupboard ['kʌbəd]	Schrank
dishwasher ['dɪʃwɒʃə]	Geschirrspülmaschine
fridge [frɪdʒ]	Kühlschrank
sink [sɪŋk]	Spüle, Spülbecken

bath [bɑːθ]	Badewanne
stereo ['steriəʊ]	Stereoanlage
washing machine ['wɒʃɪŋ məˌʃiːn]	Waschmaschine
I don't know. [ˌaɪ dəʊnt 'nəʊ]	Ich weiß es nicht.
p.51 **tour (of the house)** [tʊə]	Rundgang, Tour (durch das Haus)

! ein **Rundgang <u>durch</u>** Bristol = a **tour <u>of</u>** Bristol

visitor ['vɪzɪtə]	Besucher/in, Gast

(to) **look different/great/ old**	anders/toll/alt aussehen	Ananda has got a new school bag. It **looks great.**
a lot [ə 'lɒt]	viel	
(to) **happen (to)** ['hæpən]	geschehen, passieren (mit)	Tell me what **happens to** Prunella in the story.

Unit 3: Sports and hobbies

Remember?

p.52 **My hobbies** (Meine Hobbys)

On Mondays I go swimming.

On Tuesdays I play football.

On Wednesdays I ride my bike.

On Thursdays I play hockey.

On Fridays I play computer games.

And you?

sport [spɔːt]	Sport; Sportart	I like **sport**. What are your favourite **sports**?

free [friː]	frei
free time [ˌfriː 'taɪm]	Freizeit, freie Zeit
p.53 (to) **collect** [kə'lekt]	sammeln
stamp [stæmp]	Briefmarke
card [kɑːd]	(Spiel-, Post-)Karte

stamps

cards

Sports

American football [əˌmerɪkən 'fʊtbɔːl]	Football
badminton ['bædmɪntən]	Badminton, Federball
baseball ['beɪsbɔːl]	Baseball
basketball ['bɑːskɪtbɔːl]	Basketball
dancing ['dɑːnsɪŋ]	Tanzen
football ['fʊtbɔːl]	Fußball
hockey ['hɒki]	Hockey
judo ['dʒuːdəʊ]	Judo
riding ['raɪdɪŋ]	Reiten, Reitsport
swimming ['swɪmɪŋ]	Schwimmen
table tennis ['teɪbl tenɪs]	Tischtennis
tennis ['tenɪs]	Tennis
volleyball ['vɒlibɔːl]	Volleyball

! Verschiedene Sportarten – verschiedene Verben:

You **play** football, badminton, hockey, … .
You **do** judo. / You **do** sport. („Sport treiben“)
You **go** riding, swimming, … .

(to) **go riding** ['raɪdɪŋ]	reiten gehen	
(to) **ride** [raɪd]	reiten	! (to) **ride** = reiten – (to) **ride a bike** = Rad fahren
dancing lessons ['dɑːnsɪŋ lesnz]	Tanzstunden, Tanzunterricht	
(to) **dance** [dɑːns]	tanzen	
model ['mɒdl]	Modell*(-flugzeug, -schiff usw.)*	I make **models** in my free time.
guitar [gɪ'tɑː]	Gitarre	! Mike **spielt Gitarre**. = Mike **plays the guitar**.
(to) **be right**	Recht haben	! Ananda **hat Recht**. = Ananda **is right**.
I **like swimming/dancing/...**	ich schwimme/tanze/... gern	I **like swimming**. And you? – I **don't like swimming**, but **I like riding**.

Remember?

p.54

Remember?

hockey shoes

football boots

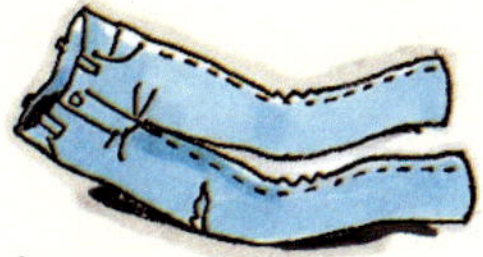

jeans

a T-shirt

p.54/A1	**shop assistant** ['ʃɒp‿əˌsɪstənt]	Verkäufer, Verkäuferin	
	Good afternoon.	Guten Tag. *(nachmittags)*	! **Guten Tag. = Hello. / Good morning. / Good afternoon.**
	size [saɪz]	Größe	
	(to) **try on** [ˌtraɪ‿'ɒn]	anprobieren *(Kleidung)*	Can I **try on** your new dress? – Not now. You can **try** it **on** tomorrow.
	these [ðiːz]	diese, die (hier)	
	..., you know. [nəʊ]	..., wissen Sie. / ..., weißt du.	He's really good at football, **you know**.
	(to) **know**	wissen	Do you **know** where Jack is? – He's at school. ! Aussprache: (to) **know** [nəʊ] – **now** [naʊ]
	them [ðəm, ðem]	sie; ihnen	Look, the twins. Can you see **them**? Let's help **them**.
	(to) **want** [wɒnt]	(haben) wollen	I don't **want** these shoes. I **want** the red boots.

	We'll take them. [wiːl 'teɪk_ðəm]	Wir nehmen sie.	Do you like the boots? – Yes, I do. – OK, **we'll take them.**
p.54/A2	**top** [tɒp]	Top, Oberteil	
p.55/A3	**project (about, on)** ['prɒdʒekt]	Projekt (über, zu)	
	(to) **ask** [ɑːsk]	fragen	
	piano [pi'ænəʊ]	Klavier, Piano	! Sie **spielt Klavier**. = She **plays the piano**.
	alone [ə'ləʊn]	allein	Does Prunella play tennis **alone**?
	head [hed]	Kopf	
	always ['ɔːlweɪz]	immer	Prunella **always** plays tennis with her uncle.
	(to) **win** [wɪn]	gewinnen	
	neighbour ['neɪbə]	Nachbar, Nachbarin	
	anyway ['eniweɪ]	sowieso	I don't like that shirt. And it doesn't fit **anyway**.
p.56/A5	**often** ['ɒfn]	oft, häufig	I **often** ride my bike to school.
	Dear Jay ... [dɪə]	Lieber Jay, ...	
	quick [kwɪk]	schnell	
	some [səm, sʌm]	einige, ein paar	There are **some** apples for you in the kitchen.
	question ['kwestʃn]	Frage	You ask lots of **questions**. ! Fragen stellen = (to) ask questions

(to) **answer** ['ɑːnsə]	antworten; beantworten	
answer (to) ['ɑːnsə]	Antwort (auf)	Here's a quick **answer to** your question.
match [mætʃ]	Spiel, Wettkampf	Football **matches** are often on Saturdays.
Love ... [lʌv]	Liebe Grüße, ... *(Briefschluss)*	
the next morning/day [nekst]	am nächsten Morgen/Tag	
never ['nevə]	nie, niemals	never ◄► always
usually ['juːʒuəli]	meistens, gewöhnlich, normalerweise	**never** **sometimes** **often** **usually** **always**
(to) **walk** [wɔːk]	(zu Fuß) gehen	I never ride my bike to school. I always **walk**.
Say hi to Dilip **for me.**	Grüß Dilip von mir.	
p.57/A8 (to) **hate** [heɪt]	hassen, gar nicht mögen	(to) hate ◄► (to) like
(to) **have to** do ['hæv tə, 'hæf tə]	tun müssen	I can't help you, I **have to** feed the rabbits.
at least [ət 'liːst]	zumindest, wenigstens	These shoes aren't cool, but **at least** they fit.
most people [məʊst]	die meisten Leute	**Most** children like hamsters and rabbits. ! <u>die</u> **meisten** Kinder = **most** children
(to) **understand** [ˌʌndə'stænd]	verstehen, begreifen	In English, please. I don't **understand** German.

	(to) **lay the table** [leɪ]	den Tisch decken	
	dinner ['dɪnə]	Abendessen, Abendbrot	We usually have **dinner** at 7 o'clock.
p.57/A9	**right now** [raɪt 'naʊ]	jetzt sofort; jetzt gerade	I need your help **right now**. Sorry, I can't help you **right now**.
	(to) **teach** [tiːtʃ]	unterrichten, lehren	Mr Kingsley is a teacher. He **teaches** English.
	(to) **learn** [lɜːn]	lernen	
p.58/P2	**snake** [sneɪk]	Schlange	
p.60/P8	(to) **know** [nəʊ]	kennen	! (to) **know** = **1.** wissen; **2.** kennen
	appointment [ə'pɔɪntmənt]	Termin, Verabredung	
	(to) **meet** [miːt]	sich treffen	! (to) **meet:** **1.** Can **we meet** at 8 o'clock? (Können **wir uns ... treffen**?) **2.** Can **you meet us** after school? (Kannst **du uns ... treffen**?)
p.61/P11	**under** ['ʌndə]	unter	Oh, there's my book – **under** the desk.
	sentence ['sentəns]	Satz	
p.61/P12	(to) **skate** [skeɪt]	Inliner/Skateboard fahren	
	skates [skeɪts]	Inliner	
p.62/P13	**on the radio** ['reɪdiəʊ]	im Radio	
p.62/P14	**opposite** ['ɒpəzɪt]	Gegenteil	What's the **opposite** of 'full'? – 'Empty'.

p.63/P16	(to) **link** [lɪŋk]	verbinden, verknüpfen	Can you **link** the words and the pictures?
p.63/P17	**car** [kɑː]	Auto	a **car** 
p.64/P19	**part** [pɑːt]	Teil	

The SHoCK Team

p.65	**man** [mæn], *pl* **men** [men]	Mann	
	woman ['wʊmən], *pl* **women** ['wɪmɪn]	Frau	
	the only guest ['əʊnli]	der einzige Gast	Dan and Jo are **the only** twins in 7PK.
	suddenly ['sʌdnli]	plötzlich, auf einmal	**Suddenly** everything was quiet.
	noise [nɔɪz]	Geräusch; Lärm	Listen! There's a **noise** at the window. What's all that **noise**? I can't do my homework.
	outside his room [ˌaʊt'saɪd]	vor seinem Zimmer; außerhalb seines Zimmers	Sophie's rabbits live **outside** the house – in a hutch in the garden.
	scary ['skeəri]	unheimlich; gruselig	
	(to) **run** [rʌn]	laufen, rennen	
	out of ... ['aʊt‿əv]	aus ... (heraus/hinaus)	
	into ... ['ɪntə, 'ɪntʊ]	in ... (hinein)	

into the house

out of the house

(to) **call** [kɔːl]	rufen; anrufen; nennen	Please **call** your dog. It's in our garden. **Call** me tomorrow. Here's my phone number. Her name is Elizabeth, but we **call** her Liz.
police *(pl)* [pəˈliːs]	Polizei	! **police** ist immer Plural: Where **are** the **police**? (Wo ist die Polizei?)
maybe [ˈmeɪbi]	vielleicht	**Maybe** Mr Green is a bank robber?
This is about Mr Green.	Es geht um Mr Green.	**This is about** the SHoCK Team, not about Jack.
(to) **find out (about)** [ˌfaɪnd‿ˈaʊt]	herausfinden (über)	
detective [dɪˈtektɪv]	Detektiv, Detektivin	! Deutsch: Dete**k**tiv – Englisch: dete**c**tiv**e**
p.66 **a piece of paper** [ˌpiːs‿əv ˈpeɪpə]	ein Stück Papier	**a piece of paper** 
watch [wɒtʃ]	Armbanduhr	! **watch** = **1.** *(verb)* beobachten, sich ansehen **2.** *(noun)* Armbanduhr

(to) **add (to)** [æd]	hinzufügen, ergänzen, addieren (zu)	**Add** blue **to** yellow and you've got green.
(to) **start** [stɑːt]	starten, anfangen, beginnen (mit)	
They **plan to** watch ... [plæn]	Sie planen, ... zu beobachten	

Topic 3: An English jumble sale

p. 67	**jumble sale** ['dʒʌmbl seɪl]	Wohltätigkeitsbasar	
	pound (£) [paʊnd]	Pfund *(britische Währung)*	
	pence (p) *(pl)* [pens]	Pence *(Mehrzahl von „penny")*	10 **p** [piː] = 10 **pence**
	penny ['peni]	*kleinste britische Münze*	1 **p** [piː] = 1 **penny**
	euro (€) ['jʊərəʊ]	Euro	
	cent (c) [sent]	Cent	
	What about ...?	Wie wär's mit ...?	
	too much [tuː 'mʌtʃ]	zu viel	**!** **too** = **1.** auch – The flat is big, and the garden is big **too.** („auch groß") **2.** zu – The house is **too** big. („zu groß")
	How much is/are ...? [ˌhaʊ 'mʌtʃ]	Was kostet/kosten ...? / Wie viel kostet/kosten ...?	**How much is** the felt tip? And **how much are** the pencils?
	It's £1.	Er/Sie/Es kostet 1 Pfund.	The felt tip **is** £1.25, and the pencils **are** 35p.

only ['əʊnli]	nur, bloß	There aren't two books on the desk, there's **only** one. 
(to) **take** 10c **off** [ˌteɪk‿'ɒf]	10 Cent abziehen	£3? That's too much. Can you **take 50p off**?
change [tʃeɪndʒ]	Wechselgeld	

Unit 4: Party, party!

pp. 68/69	(to) **have ... for breakfast**	... zum Frühstück essen/ trinken	I usually **have** toast and orange juice **for breakfast**.
	chips *(pl)* [tʃɪps]	Pommes frites	
	biscuit ['bɪskɪt]	Keks, Plätzchen	
	crisps *(pl)* [krɪsps]	Kartoffelchips	! **crisps** = Kartoffelchips – **chips** = Pommes frites
	fruit salad ['fruːt ˌsæləd]	Obstsalat	
	sausage ['sɒsɪdʒ]	(Brat-, Bock-)Würstchen, Wurst	**sausages** and **chips** 
	sweets *(pl)* [swiːts]	Süßigkeiten	
	sweet [swiːt]	süß	
	bottle ['bɒtl]	Flasche	a milk **bottle**  a **bottle of** milk 
	glass [glɑːs]	Glas	

Remember?

Food and drink

jug [dʒʌg] Krug

a bottle of ..., a glass of ...

a bottle of milk	a glass of water	a jug of orange juice	a bowl of cornflakes	a plate of chips	a packet of crisps	a basket of apples	a piece of pizza

	Would you like ...? [wəd, wʊd]	Möchtest du ...? / Möchten Sie ...?	**Would you like** a piece of pizza? – Yes, please.
	Would you like some?	Möchtest du etwas/ein paar? / Möchten Sie etwas/ein paar?	! **some** = **1.** einige, ein paar – **some** apples/chips **2.** etwas – **some** cheese/juice
	I'd like ... (= I would like ...)	Ich hätte gern ... / Ich möchte gern ...	What would you like? – **I'd like** a hamburger, please.
p.70/A1	**invitation (to)** [ˌɪnvɪ'teɪʃn]	Einladung (zu)	
	(to) **invite (to)** [ɪn'vaɪt]	einladen (zu)	Can I **invite** all my friends **to** my party?
	long [lɒŋ]	lang	Ananda's essay is very **long**.
	short [ʃɔːt]	kurz	Dan's essay is very **short**. short ◄► long
	(to) **want to** do [wɒnt]	tun wollen	Do you really **want to** invite all your friends? ! (to) **want** = haben wollen: Prunella **wants** an invitation. (to) **want to do** = tun wollen: Prunella **wants to** go to Sophie's party.
	both [bəʊθ]	beide	I like **both** T-shirts. Can we take **both**?
	real [rɪəl]	echt, wirklich	It's a party for **real** people, not for poltergeists.
p.71/A4	**present** ['preznt]	Geschenk	! **present** = **1.** Gegenwart; **2.** Geschenk
	still [stɪl]	(immer) noch	After dinner Jo was **still** hungry.
	(to) **buy** [baɪ]	kaufen	

	soap [səʊp]	Seife	a piece of **soap** 
	funny ['fʌni]	witzig, komisch	
	expensive [ɪk'spensɪv]	teuer	£60 for a T-shirt? That's very **expensive**.
	any ...? ['eni]	(irgend)welche ...?	! Gibt es Apfelsinen? = Are there **any** oranges?
	earring ['ɪərɪŋ]	Ohrring	
	not (...) any	kein, keine	There is**n't any** milk in the fridge. We have**n't** got **any** pets. What about you?
	(to) **be in a hurry** ['hʌri]	in Eile sein, es eilig haben	! **hurry**: **1.** I**'m in a hurry**. (= Ich habe es eilig.) **2. Hurry up**, please. (= Beeil dich, bitte.)
	(to) **follow** ['fɒləʊ]	folgen; verfolgen	My dog always **follows** me. The police **are following** the man to his house.
p.71/A5	**key word** ['ki: wɜ:d]	Stichwort, Schlüsselwort	
	another [ə'nʌðə]	ein(e) andere(r, s); noch ein(e)	I can't write with this pen. I need **another** pen. The pizza is good. Can I have **another** piece?
p.72/A7	(to) **get ready (for)** ['redi]	sich fertig machen (für), sich vorbereiten (auf)	We have to **get ready for** dinner. Can you lay the table, please?
	(to) **tidy** ['taɪdi]	aufräumen	On Saturdays I **tidy** my room.
	(to) **make a mess** [mes]	alles durcheinanderbringen, alles in Unordnung bringen	Prunella often **makes a mess.**
	away [ə'weɪ]	weg, fort	Go **away**, Prunella. I have to do my homework.

	(to) **take** [teɪk]	(weg-, hin)bringen	Please **take** the plates into the kitchen, Sophie.
	up [ʌp]	hinauf, herauf, nach oben	Go **up** to your room, Toby.
	down [daʊn]	hinunter, herunter, nach unten	down ◄► up
	to Jenny's	zu Jenny	Let's go **to Jenny's** now. (= to Jenny's house/flat)
	later ['leɪtə]	später	
p.73/A 9	**at the station** ['steɪʃn]	am Bahnhof	Ananda sees Mr Green **at the station**.
	in front of [ɪn 'frʌnt‿əv]	vor	**in front of** the box 
	(to) **hear** [hɪə]	hören	**!** (to) **hear** = hören (können) (to) **listen (to)** = zuhören, horchen **Listen**. Can you **hear** the dogs in the park?
	train [treɪn]	Zug	**!** There was a funny man **on the train**. (= **im Zug**)
	(to) **wait (for)** ['weɪt fɔː]	warten (auf)	Don't **wait for** Prunella – she's always late.
	somebody ['sʌmbədi]	jemand	Mr Green is talking to **somebody**.
	(to) **get off (the train/bus)** [ˌget‿'ɒf] **(-tt-)**[1]	(aus dem Zug/Bus) aussteigen	This is where I live. We have to **get off** here.
	(to) **get on (the train/bus)** [ˌget‿'ɒn] **(-tt-)**	(in den Zug/Bus) einsteigen	**!** **in** den Bus **einsteigen** = (to) **get on** the bus **aus** dem Bus **aussteigen** = (to) **get off** the bus

[1] Die Angabe **(-tt-)** zeigt, dass der Endkonsonant bei der Bildung der *-ing*-Form verdoppelt wird: **get – getting**.

	parcel ['pɑːsl]	Paket	
	(to) **look round** [ˌlʊk 'raʊnd]	sich umsehen	Mr Green **looks round**, then he starts to run.
	(to) **hide** [haɪd]	sich verstecken; *(etwas)* verstecken	Prunella often **hides** in the wardrobe. Can you **hide** this parcel for me, please?
p.74/A10	**Which** picture ...? [wɪtʃ]	Welches Bild ...?	**Which** cake would you like? The chocolate cake?

Remember?

p. 80/P13 **My body**[1] (Mein Körper)

[1] ['bɒdi]

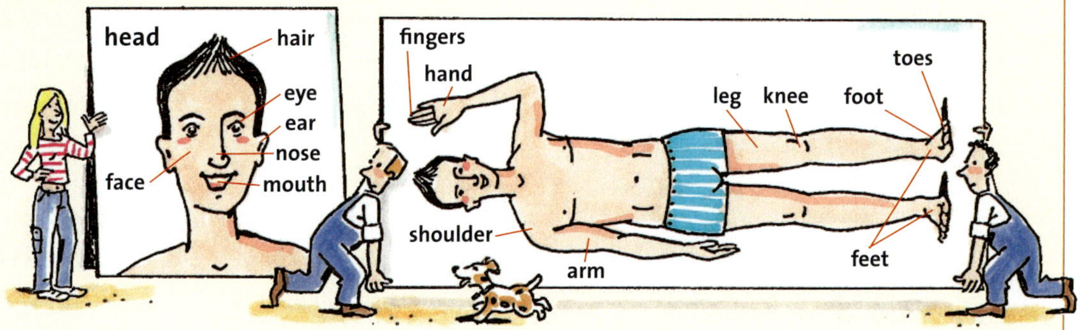

p.80/P15	**roll** [rəʊl]	Brötchen	

Sophie's party – a play

p. 81	**play** [pleɪ]	Theaterstück	! **play** = **1.** *(verb)* spielen; **2.** *(noun)* Theaterstück
	scene [siːn]	Szene	
	... pm [ˌpiː‿'em]	... Uhr nachmittags/abends	! Man verwendet **am** oder **pm** nicht mit **o'clock.** Also nur: **at two pm** (nicht: ~~at two o'clock pm~~)
	... am [ˌeɪ‿'em]	... Uhr morgens/vormittags	
	Don't worry. ['wʌri]	Mach dir keine Sorgen.	
	(to) **worry (about)**	sich Sorgen machen (wegen, um)	When I come home late my mum always **worries about** me.
	minute ['mɪnɪt]	Minute	It's three **minutes** to six. 
	doorbell ['dɔːbel]	Türklingel	
	door [dɔː]	Tür	
	front door [ˌfrʌnt 'dɔː]	Wohnungstür, Haustür	
	inside [ˌɪn'saɪd]	innen (drin), drinnen	Sophie isn't in the garden. She's **inside**.
	outside [ˌaʊt'saɪd]	draußen	Where's Sheeba? – She's **outside**, in the garden.
	fantastic [fæn'tæstɪk]	fantastisch, toll	
	so sweet [səʊ]	so süß	
	(to) **be afraid (of)** [ə'freɪd]	Angst haben (vor)	My brother **is afraid of** big dogs. I'**m afraid of** mice.

	(to) **pass** [pɑːs]	(herüber)reichen, weitergeben	Can you **pass** me the milk, please? You have to **pass** the parcel to the next student.
	(to) **pass round** [ˌpɑːs ˈraʊnd]	herumgeben	Now Sophie **is passing round** the party food.
	no more music	keine Musik mehr	
	no	kein, keine	I can't do my homework now. I've got **no** time.
p.82	**note** [nəʊt]	Mitteilung, Notiz	Here's a **note** from Jack. Can you read it? I can't.
	(to) **take notes**	sich Notizen machen	
	(to) **choose** [tʃuːz]	(sich) aussuchen, (aus)wählen	We have to **choose** a name for our new dog.
	prize [praɪz]	Preis, Gewinn	There's a **prize** for the best story.
	(to) **be over**	vorbei sein, zu Ende sein	
	What are you talking about?	Wovon redest du?	
	(to) **get** [get] **(-tt-)**	gelangen, (hin)kommen	How can we **get** to Cotham School?
	title [ˈtaɪtl]	Titel, Überschrift	

Unit 5: School: not just lessons

pp.84/85	(to) **finish** [ˈfɪnɪʃ]	enden; beenden, zu Ende machen	Lessons **finish** at 3.30 pm. Let's **finish** the exercise and read the text again. (to) finish ◄► (to) start
	notice board [ˈnəʊtɪs bɔːd]	Anschlagtafel, schwarzes Brett	

programme ['prəʊgræm]	Programm	
(to) **paint** [peɪnt]	malen, anmalen	Let's **paint** our faces for the party!
ship [ʃɪp]	Schiff	
rehearsal [rɪ'hɜːsl]	Probe *(am Theater)*	
(to) **rehearse** [rɪ'hɜːs]	proben *(am Theater)*	
spring [sprɪŋ]	Frühling	
autumn ['ɔːtəm]	Herbst	
winter ['wɪntə]	Winter	
show [ʃəʊ]	Show, Vorstellung	
(to) **show**	zeigen	Can you **show** me your new computer?

(to) **bring** [brɪŋ]	(mit-, her)bringen	! **Bring** me the newspaper. („herbringen") / Now **take** it to Dad. („hinbringen")
(to) **use** [juːz]	benutzen, verwenden	Can I **use** your phone, please?
result [rɪ'zʌlt]	Ergebnis, Resultat	
junior ['dʒuːniə]	Junioren-, Jugend-	

	choir ['kwaɪə]	Chor	❗ Schreibung: ch<u>oir</u> – Aussprache: ['kwaɪə]
	pirate ['paɪrət]	Pirat, Piratin	❗ Betonung auf der 1. Silbe: **<u>pi</u>rate** ['paɪrət]
	(to) **practise** ['præktɪs]	üben; trainieren	
	exciting [ɪk'saɪtɪŋ]	aufregend, spannend	
pp.86/A1	(we/you/they) **were** [wə, wɜː]	*Vergangenheitsform von „be"*	I was at home last night. Where **were** you?
	Miss White [mɪs]	Frau White *(unverheiratet)*	
	group [gruːp]	Gruppe	
	(to) **sound** [saʊnd]	klingen, sich *(gut usw.)* anhören	A party in the park? That **sounds** very nice.
	sound	Laut; Klang	
	kid [kɪd]	Kind, Jugendliche(r)	
	ticket ['tɪkɪt]	Eintrittskarte	**Tickets** for the party are £2.50.
pp.86/A2	**yesterday** ['jestədeɪ, 'jestədi]	gestern	**Yesterday** I was home late.
	cinema ['sɪnəmə]	Kino	
	swimming pool ['swɪmɪŋ puːl]	Schwimmbad, Schwimmbecken	
	sports centre ['spɔːts ˌsentə]	Sportzentrum	
p.87/A3	**terrible** ['terəbl]	schrecklich, furchtbar	
	mistake [mɪ'steɪk]	Fehler	There are three **mistakes** in your essay.

	I can't wait to see ...	ich kann es kaum erwarten, ... zu sehen	The band is great. **I can't wait to** see their next show.
	a minute **ago** [ə'gəʊ]	vor einer Minute	Where's Dan? – He was here **a minute ago**. **!** **ago** steht <u>hinter</u> dem Nomen.
p.87/A5	(to) **phone** [fəʊn]	telefonieren, anrufen	**!** **phone** = **1.** Telefon; **2.** telefonieren, anrufen
p.88/A6	**king** [kɪŋ]	König	
p.88/A7	**diary** ['daɪəri]	Tagebuch; Terminkalender	
	had [hæd]	*Vergangenheitsform von „have" und von „have got"*	Yesterday I **had** breakfast at 6 o'clock. In 1998 we **had** a dog. Now we've got two cats. **!** Nie: ... we ~~had got~~ a dog.
	said [sed]	*Vergangenheitsform von „say"*	'Be quiet,' the teacher **said**.
	(to) **be cross (with)** [krɒs]	böse, sauer sein (auf)	My mum **was cross with** me because I was late.
	saw [sɔː]	*Vergangenheitsform von „see"*	Dan laughed when he **saw** his brother.

Unregelmäßige Vergangenheitsformen

(to) come	**came** [keɪm]	kommen
(to) do	**did** [dɪd]	tun, machen
(to) get up	**got up** [gɒt]	aufstehen
(to) go	**went** [went]	gehen
(to) make	**made** [meɪd]	machen, bauen, bilden
(to) run	**ran** [ræn]	laufen, rennen
(to) sit	**sat** [sæt]	sitzen; sich setzen
(to) take	**took** [tʊk]	nehmen; (weg-, hin)bringen
(to) tell	**told** [təʊld]	sagen; erzählen

	this morning/afternoon/ evening	heute Morgen/Nachmittag/ Abend	I can meet you at two o'clock **this afternoon**.
p.89/A9	we **didn't sing** ['dɪdnt]	wir sangen nicht / wir haben nicht gesungen	Ananda **didn't sing** but she made the programmes.
	(to) **stay** [steɪ]	bleiben	Prunella didn't go to the Spring Show – she **stayed** at home.
	city ['sɪti]	(Groß-)Stadt	
	museum [mju'ziːəm]	Museum	
	Did you go ...?	Bist du / Seid ihr ... gegangen?	
p.89/A10	a **special** day ['speʃl]	ein besonderer Tag	My birthday is always a **special** day for me.
p.90/P3	**phone call** ['fəʊn kɔːl]	Anruf, Telefongespräch	
p.91/P5	your **best** friends [best]	deine besten Freunde/Freundinnen	
p.92/P8	**extra** ['ekstrə]	zusätzlich	Oh, here's Sophie. We need an **extra** plate.
	syllable ['sɪləbl]	Silbe	There are two **syllables** in *mistake*: *mis* and *take*.
p.92/P9	**report (on)** [rɪ'pɔːt]	Bericht, Reportage (über)	There was a **report on** the Spring Show on the radio.
p.95/P17	**elephant** ['elɪfənt]	Elefant	

A pirate story

p.96	**dark** [dɑːk]	dunkel	It's very **dark** in here. I can't find my pen.
	windy ['wɪndi]	windig	
	wind [wɪnd]	Wind	
	young [jʌŋ]	jung	young ◄► old
	many ['meni]	viele	Poor Peter. He hasn't got **many** friends.
	how many ...?	wie viele ...?	**How many** kids are in the SHoCK Team? – Five.

„viel", „viele"

viel — **How much** orange juice have we got? – We haven't got **much** orange juice, but we've got **lots of** milk.
Wie viel Orangensaft ...? – ... nicht **viel** Orangensaft, ... **viel** Milch.

viele — **How many** CDs have you got? – I haven't got **many** CDs, but I've got **lots of** computer games.
Wie viele CDs ...? – ... nicht **viele** CDs, ... **viele** Computerspiele.

	(to) **kill** [kɪl]	töten	
	tonight [tə'naɪt]	heute Nacht, heute Abend	**!** heute Morgen = **this morning** heute Nachmittag = **this afternoon** heute Abend = **this evening** heute Nacht = **tonight**
p.97	**for** three **days**	drei Tage (lang)	Sophie was in London **for five days** last year.

that [ðət, ðæt]	dass	Prunella says **that** she never sleeps. Do you think **that** Mr Green is a spy?
(to) **be scared (of)** [skeəd]	Angst haben (vor)	My little brother is **scared of** poltergeists.
at last [ət 'lɑ:st]	endlich, schließlich	Jack waited for a long time. **At last** Ananda came.
tired ['taɪəd]	müde	
soon [su:n]	bald	It's my birthday **soon**. Let's have a party.
(to) **be asleep** [ə'sli:p]	schlafen	
when	als	

when

wann	**When**'s your birthday?	**Wann** hast du Geburtstag?
wenn	We can play cards **when** you come home.	Wir können Karten spielen, **wenn** du nach Hause kommst.
als	Jonah was scared **when** Mr Bonny saw him.	Jonah hatte Angst, **als** Mr Bonny ihn sah.

	beautiful ['bju:tɪfl]	schön	Ann Bonny was a **beautiful** woman.
	clear [klɪə]	klar, deutlich	Is that **clear**? – Yes, I understand now.
	sea [si:]	Meer, *(die)* See	
p.98	(to) **be cold** [kəʊld]	frieren	It was very windy, and I **was cold**. (= Ich fror. / Mir war kalt.)

cold	kalt	cold ◄► hot
floor [flɔː]	Fußboden	Jo, put your books on the desk, not on the **floor**.

Unit 6: Great places for kids

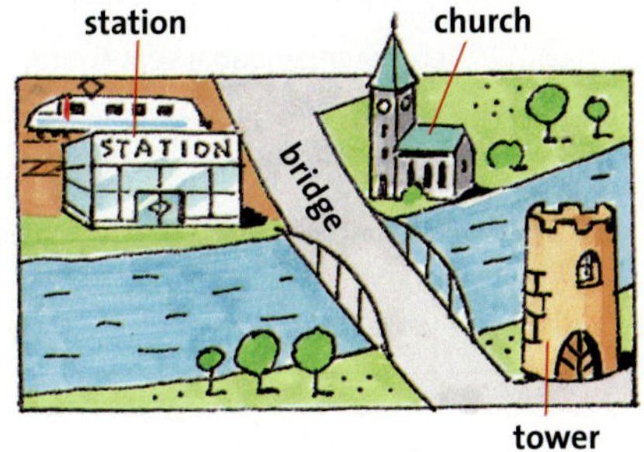

p.100	**town** [taʊn]	(Klein-)Stadt	
	village [ˈvɪlɪdʒ]	Dorf	
	church [tʃɜːtʃ]	Kirche	
	near [nɪə]	in der Nähe von, nahe (bei)	
	tower [ˈtaʊə]	Turm	
	(to) **have a picnic** [ˈpɪknɪk]	ein Picknick machen	
	free	kostenlos	
	bridge [brɪdʒ]	Brücke	The church is **near** the station. ! in der Nähe (von) = **near** (nicht: ~~in the near of~~)
p.101	(to) **explore** [ɪkˈsplɔː]	erkunden, erforschen	It's very interesting to **explore** new places.
	fun [fʌn]	Spaß	
	cheap [tʃiːp]	billig	expensive ◄► cheap
	price [praɪs]	(Kauf-)Preis	

fun

Riding **is fun**. (*Nicht:* ... ~~makes fun~~)	Reiten **macht Spaß**.
Prunella **has fun** with Sophie.	Prunella **hat viel Spaß / amüsiert sich** mit Sophie.
Have fun!	**Viel Spaß!**
Just **for fun**.	Nur **zum Spaß**.

p.102/A1	**each** [iːtʃ]	jeder, jede, jedes (einzelne)	There are six guests at the party, so we need six little presents – one for **each** of them.
	must [mʌst]	müssen	! **müssen** = **1.** have to; **2.** must (*have to* wird häufiger verwendet als *must*.)
	corner ['kɔːnə]	Ecke	
	(to) **agree (on)** [ə'griː]	sich einigen (auf)	We have to **agree on** a day for our party.
	middle (of) ['mɪdl]	Mitte	
	library ['laɪbrəri]	Bibliothek, Bücherei	
p.102/A2	**step** [step]	Schritt	The first **step** is to choose an interesting place.
p.103/A3	(to) **whisper** ['wɪspə]	flüstern	
	loud [laʊd]	laut	loud ◄► quiet
p.103/A5	(to) **take photos**	Fotos machen, fotografieren	Learn to **take photos** at the camera club!

over there [ˌəʊvə 'ðeə]	da drüben, dort drüben	 
better ['betə]	besser	Your essay is good, but my essay is **better**.
(to) **be/look the same** [seɪm]	gleich sein/aussehen	All the cars in this museum **look the same.** the same ◄► different
the same ...	der-/die-/dasselbe ...; dieselben ...	Sophie and her friends are at **the same** school.
those [ðəʊz]	die (da), jene (dort)	

this, that – these, those

Wenn etwas **näher beim Sprecher** ist, verwendet man eher **this** und **these**.

Wenn etwas **weiter entfernt** ist, verwendet man eher **that** und **those**.

(to) **smile** [smaɪl]	lächeln	
p.104/A7 **glue** [gluː]	Klebstoff	
(to) **grumble** ['grʌmbl]	murren, nörgeln	
presentation [ˌprezn'teɪʃn]	Präsentation, Vorstellung	

p.104/A8	**city centre** [ˌsɪti ˈsentə]	Stadtzentrum, Innenstadt	
p.105/A9	**for lots of reasons**	aus vielen Gründen	I ride my bike **for lots of reasons** – it's quick, it's fun, and it isn't expensive.
	I'd like to talk about ...	ich möchte über ... reden / ich würde gern über ... reden	Today **I'd like to** talk about great places for kids in Bristol.

The Mr Green mystery

p.110	**hall** [hɔːl]	Flur, Diele	
	How do you know ...?	Woher weißt/kennst du ...?	**How do you know** my phone number?
	(to) **hurt** [hɜːt], *simple past:* **hurt**	wehtun; verletzen	Poor Ananda. She **hurt** her leg in a hockey match yesterday.

Irregular verbs (Unregelmäßige Verben)

Infinitive	Simple past	
(to) **be**	**was/were**	sein
(to) **come**	**came**	kommen
(to) **do**	**did**	tun, machen
(to) **get up**	**got up**	aufstehen
(to) **go**	**went**	gehen
(to) **have** **(have got)**	**had**	haben
(to) **hurt**	**hurt**	wehtun; verletzen

Infinitive	Simple past	
(to) **make**	**made**	machen; bauen; bilden
(to) **run**	**ran**	laufen, rennen
(to) **say**	**said**	sagen
(to) **see**	**saw**	sehen
(to) **sit**	**sat**	sitzen; sich setzen
(to) **take**	**took**	nehmen; (weg-, hin)bringen
(to) **tell**	**told**	sagen; erzählen

Auf den folgenden Seiten stehen ein paar Tipps, wie du Vokabeln lernen kannst.
Am besten, du probierst jede Möglichkeit aus, dann weißt du, welche für dich am besten ist.

Vokabeln lernen mit dem Vokabeltaschenbuch (oder dem Vocabulary in deinem Englischbuch)

Schritt 1:

- Lies das englische Wort laut. (Aussprache und Betonung sind in den eckigen Klammern angegeben.)
- Lies dann die deutsche Übersetzung in der mittleren Spalte.
- Beachte auch die Beispielsätze oder sonstigen Hinweise in der rechten Spalte.

Schritt 2:

Überprüfe Zeile für Zeile, ob du die Wörter weißt:

- Deck die mittlere Spalte ab und sag die deutsche Übersetzung.
- Nun deck die linke und die rechte Spalte ab. Sag die englischen Wörter und – wenn du kannst – auch den Beispielsatz.

So kannst du dir eine Lernhilfe zum Abdecken der Spalten basteln:

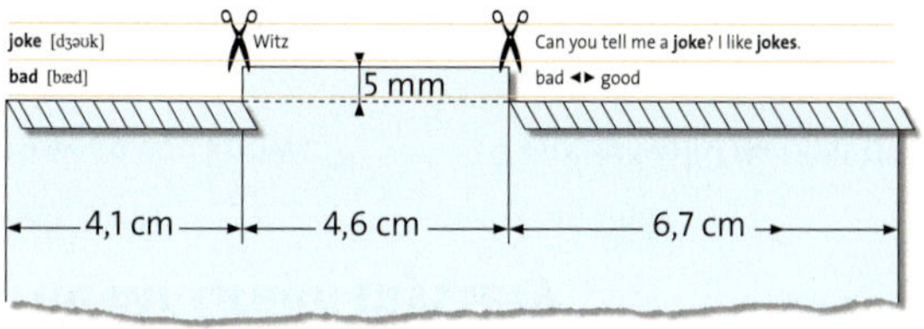

englisch – deutsch

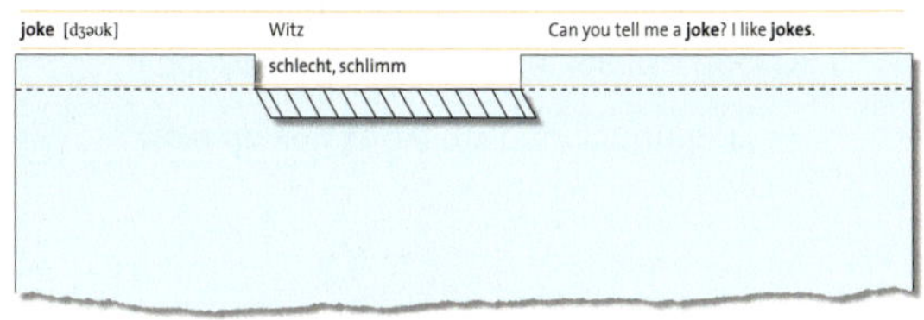

deutsch – englisch

Tipps

- Lerne immer 7–10 Wörter auf einmal.
- Lerne Vokabeln regelmäßig – lieber jeden Tag 5–10 Minuten als einmal pro Woche zwei Stunden.
- Wiederhole „alte“ Vokabeln einmal pro Woche.
- Es macht mehr Spaß, wenn du mit jemandem zusammen lernst. Fragt euch z.B. gegenseitig ab.

Abschreiben erwünscht!

Besonders gut behältst du Vokabeln, wenn du sie aufschreibst. Es gibt mehrere Möglichkeiten:

- **Dreispaltiges Vokabelheft**

Leg ein Vokabelheft (mindestens DIN A5) mit drei Spalten an:

- **Spalte 1:** das englische Wort
- **Spalte 2:** die deutsche Übersetzung
- **Spalte 3:** Beispielsätze (aus dem Vocabulary, aus der Unit deines Englischbuchs, ...) oder Bilder.

Lies dir am Ende noch einmal laut vor, was du geschrieben hast.

- **Elektronisches Wörterverzeichnis**

Es gibt Computerprogramme, die dich beim Üben und Wiederholen wie ein „Vokabeltrainer" unterstützen. Du kannst dazu dein *e-Workbook* und den *English Coach* benutzen.

- **Karteikarten**

Auf die Vorderseite schreibst du das englische Wort mit einem Beispielsatz, auf die Rückseite die deutsche Übersetzung. Diese Karteikarten kannst du in einem Karteikasten sammeln (siehe nächste Seite).

Vorderseite Rückseite

Alles im Kasten – Vokabeln lernen mit einem Karteikasten

In einer Pappschachtel, die du in fünf unterschiedlich große Fächer unterteilst, kannst du deine Karteikarten aufbewahren.

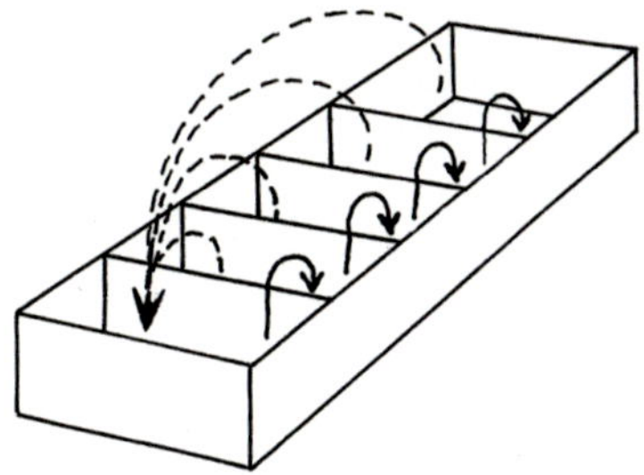

- Die beschrifteten Karteikarten kommen in das erste Fach. Ist das Fach voll, dann nimm den Packen heraus und prüfe, ob du die Vokabeln kannst.
- Vokabeln, die „sitzen“, kommen in das nächste Fach. Vokabeln, die du nicht kannst, steckst du immer zum Wiederholen ins erste Fach zurück.
- Immer wenn ein Fach zu voll ist, überprüfe, wie gut du die Vokabeln dort beherrschst. Steck die Karten ein Fach weiter oder zum Wiederholen zurück in Fach 1.

- Wenn du Vokabeln, die im 5. Fach angekommen sind, nach einiger Zeit immer noch beherrschst, kannst du sie herausnehmen, denn: **Fünfmal gekonnt ist wirklich gekonnt!**

Ordnen und gruppieren

Du behältst neue Vokabeln leichter, wenn du sie ordnest und in Gruppen lernst.
Auch hier gibt es wieder mehrere Möglichkeiten:

- **Gegensatzpaare**, z.B.

  full – empty,
  (to) push – (to) pull,
  early – late,
  (to) open – (to) close.

- **Wortfelder** –

  dabei schreibst du alle Wörter, die zu einem Wortfeld gehören, unter ihrem Oberbegriff (**group word**) auf.

SCHOOL

subjects	sports	things
Maths	tennis	book
Art	football	pencil
Geography	...	...
...		

- ***Networks*** („Wörternetze").

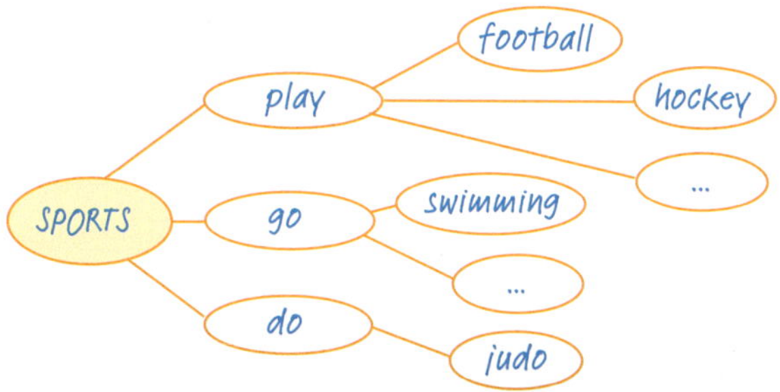

English G 21 • Band D 1

Vokabeltaschenbuch

Im Auftrag des Verlages herausgegeben von
Prof. Hellmut Schwarz, Mannheim

Erarbeitet von
Uwe Tröger, Hannover

unter Mitarbeit von
Joachim Blombach, Herford;
Helmut Dengler, Limbach
(S. 68–71: Vokabeln lernen)

Illustration
Roland Beier, Berlin

Titelbild
Rob Cousins, Bristol; IFA-Bilderteam, Ottobrunn (Union Jack: Jon Arnold Images)

Layoutkonzept
Korinna Wilkes

Technische Umsetzung
Stephan Hilleckenbach, Berlin;
Ina Hillmann

Umschlaggestaltung
Klein & Halm Grafikdesign, Berlin

www.cornelsen.de
www.EnglishG.de

Dieses Werk berücksichtigt die Regeln der reformierten Rechtschreibung und Zeichensetzung.

1. Auflage, 7. Druck 2018

Alle Drucke dieser Auflage sind inhaltlich unverändert und können im Unterricht nebeneinander verwendet werden.

Druck: H. Heenemann, Berlin

ISBN 978-3-06-031947-3

PEFC™
PEFC/04-31-1156

PEFC zertifiziert
Dieses Produkt stammt aus nachhaltig bewirtschafteten Wäldern und kontrollierten Quellen.

www.pefc.de